Helmut Zöpfl · Nun sehet den Stern

Helmut Zöpfl

Nun sehet den Stern

Gedanken über die staade Zeit

Mit Bildern von Josef Wahl

WLV

W. Ludwig Verlag

ISBN 3-7787-3178-5
2. Auflage 1981

Satz und Druck: Ilmgaudruckerei Pfaffenhofen
Printed in Germany

Für die Verwendung des Titels „Nun sehet den Stern“ aus dem
Sternsingerlied von Georg Thurmair danken wir dem Aventinus-Verlag.
Titelgestaltung und Zeichnungen Josef Wahl

Jetzt is de staade Zeit

Und wieder is a Jahr fast um,
geht staad seim End scho zua,
de Flockn falln und um mi rum
beginnt a große Ruah.

Jetzt is de Zeit, wo ma in allem
den großen Abschied spürt
und wo ma mehra als wia sonst
über alls nachsinniert.

Wenn eppas da is um uns rum,
na siegt mas meistens net,
ma spannt's bekanntlich meist erst dann,
wenn was von uns weggeht.

Vui trüaber scheint de Welt jetzt z'sei,
viel früahra werds jetzt Nacht,
warum ma besser aa wia sonst
jetzt auf des Liachte acht.

Drum schaugt ma nach was Hellem aus,
schaugt, wo a Stern jetzt glimmt,
ob net a Funkn Hoffnung wo
her ausm Dunkeln kimmt.

Josef Wahl
79

Jetzt ist die staade Zeit, in der sich die Natur anschickt, sich zum Winterschlaf zu rüsten, in der das Jahr mit wenig Farben auskommt und die bunten Tage des Frühlings, Sommers und Herbstes allenfalls in der Erinnerung leben. Um diese Zeit fängt man da und dort an nachzudenken über das Werden und Vergehen in der Natur und übers Leben. Was ist dieses Leben überhaupt? Zu allen Zeiten hat sich der Mensch darüber Gedanken gemacht. Nicht zuletzt in der bayerischen Barocklyrik, wo wir folgende Zeilen finden:

Ein Schlaf, ein Fabel, und ein Gras,
ein Blum, Heu, Schatten, Wasserblas.
Ein Aschen, wie ein Glas zerbrichts,
ein Punkt, Schall, Wind, ja sauber nichts.

(Jeremias Drexel)

Wenn vom Kalender runterfallt
as letzte Blattl und wenn kalt
und abgstorbn d'Wiesn is und s'Feld,
wenn ohne Lebn scheins is de Welt,
dann wiß ma doch, daß s'neue Jahr
genauso wias im letztn war,
ganz gwiß an neuen Frühling bringt,
daß Lebn wieder durch se ringt,

daß' jetzt an Winterschlaf bloß schlaft
und dafür dann mit neuer Kraft
alls wieder lebn und wachsn werd
so, wia mas gwohnt san, wia ses ghört:

Jeds Fruahjahr bringt an neuen Flieder:
mia wißns ja: es werd scho wieder.
Bloß oans, des wiß ma so gwiß net:
san mia, wenns wieder aufwärts geht,
wenn alles wieder wachst und wird,
wenn alles treibt und sproßt und blüaht,
san mia, wenn alles wieder neu
sei werd, dann aa dabei?

Koans von uns woaß, obs eahm und sie
no gebn werd oder di und mi,
obs drobn am Karussell der Zeit
de nächste Rundn uns no leidt.

Vielleicht sollten wir bei allem Rennen und Hasten einmal kurz einhalten und überlegen, was wir wirklich davon haben, wenn wir versuchen, Zeit zu sparen.

Jetzt habns a Auterl erfundn,
des mit dreihundertzehn in der Stundn
auf der Straß dahinroast
und mit'm Flugzeug, wiast woaßt,
mit a Düsenmaschin',
kimmst vui schneller no hin.
Und d'Rußn, hoaßt's, daß Raketn
vui schneller wia d'Ami baut hättn.
. . . Bestimmt brauch ma heut
vui weniger Zeit:
Mia sparn in a Stundn
Minutn, Sekundn.
. . . Wenn ma okomma san,
konn's sei aber dann,
daß mia mit der Zeit
de ma gspart ham voll Freud,
nach dem Roasn und Renna
nix mehr ofanga kenna.

Anders ausgedrückt:

Zum Nachdenka
wer ma san,

woher ma san,
was ma solln,
wohin ma wolln
hama heut
leider kaum Zeit,
weil ma uns koa Zeit nehma,
um möglichst schnell hi z'kemma,
möglichst schnell
hi an a Stell,
an der ma dann,
wenn ma dort san
wißn gern wolltn,
was ma dort solltn.

Was sparen wir aber tatsächlich ein?

Der Amerikaner John Kent
is auf Hundert 9,78 grennt.
Und der Iwanow is im Summa
100 Kraul in 49 gschwumma.
Der Klammer Franz is von der Kitz
wieder abebraust wia der Blitz.

Oaner is ohne Schmarrn
mitm Radl glatt 90ge scho gfahrn.
Der ander braucht für a Rundn
jetzt bloß mehr knapp siebzig Sekundn.
. . . Wennst Zeitung aufschlagst im Sport,
liest gwiß von am neuen Rekord.
Heutzutag kemman vui
oiwei schneller ans Zui.
Aber mia, wo langsamer genga,
mir braucha uns trotzdem nix denka.

Sogar der Rentner mitm Stecka,
der braucht da net glei daschrecka.
Denn woaßt as, ob früahra oder später,
hikemma duad doch a jeder,
ob er rennt, ob er hast,
ob er ruaht oder rast,
a jeder kimmt o.
'S lauft koaner davo,
wenn er no so schnell rennt,
seim Zui mal am End.

Angesichts dieser Überlegungen fragt man dann oft:
Was bleibt?

Wenn der Schneewind des letzte Blattl wegtreibt
und der Baum is ganz leer
koan Vogel hörst mehr,
dann fragst di: Was bleibt?
Was bleibt uns im Lebn
z'letzt übrig von dem,
um des ma se plagt,
hinter dem ma herjagt,
um des ma se streit
und rauft, wia net gscheit,
se halbert derrennt.
Was bleibt scho am End?
Wo bleibn's de Sorgn,
wo san's scho morgn
oder gar in am Jahr?
Wo bleibt, was grad war?
Wo bleibt, was no heut
uns ärgert und gfreut?

Koa garnix, wo d'Zeit
net feilt dro und reibt,
was kurz oder lang
net wieder vergaang.
A Windhauch und glei
is alles vorbei.
. . . Wenn der Schneewind des letzte Blattl wegtreibt,
bleibt nix wia de Frag, de große: Was bleibt?

Fühlen wir uns da nicht an den alten Volksspruch erinnert:

Ich kam, weiß nicht woher,
ich bin und weiß nicht wer,
ich leb, weiß nicht wie lang,
ich sterb und weiß nicht wann,
ich fahr, weiß nicht wohin,
mich wunderts, daß ich so fröhlich bin.

Was bringt uns unsere Hetzerei im Getriebe des Alltags, das Rennen nach vorne und nach allen Seiten ein, wenn wir etwas ganz Wichtiges vergessen:

Nach vorn grennt,
zruckgrennt,
higrennt,
hergrennt,
im Kreis grennt,
net auskennt,
verrennt,
nach obn schaun vergessen,
infolgedessen
am End
darennt.

Vielleicht sollten wir uns wirklich öfter mal fragen, ob wir uns nicht selber oft zu wichtig nehmen und ein bisserl weiter, ein bisserl mehr nach oben schauen sollten!

Wenn ma uns oft net so wichtig nahmatn
und uns so bedeutsam vorkamatn,
net moanatn, daß ohne uns nix gehat
und d'Welt ohne uns sogar stehat,

wenn ma spannatn, was unser Lebn, unser Zeit
für de große Ewigkeit scho bedeut,
wenn ma öfter a weng staader wuradn
und mehr in uns neiluratn,
net glaubatn, daß ma alls zreißn müaßatn,
sondern mehr Eahm überliaßatn.
Wenn ma uns mehr in sei Hand gebatn,
na glaub i, daß ma uns leichter oft lebatn.

So erkennen wir:

Ma konn no so vui renna,
ma konn no so vui kenna,
amal kommt ma leider
an an Punkt, wo's net weiter,
net vorwärts mehr geht,
weil am Abgrund ma steht.
Ma konns weiter net bringa,
muaß hupfa, muaß springa
und konn halt grad hoffn,
daß ma's richtig hat troffn,
net ins Leere bloß fallt,
daß wem gibt, der oan halt.

Aus dem Dunklen kann werden,
kann das nur gedeihn,
was geweckt wird vom Licht.
Nur Licht läßt uns sein,
Licht, das ist Leben
ohne Licht wäre nichts,
alles was ist,
lebt von Gnaden des Lichts.

Du schufst einst das Licht
und die Nacht wurde hell,
du ließt leuchten den Stern
und schicktest den Quell,
den Quell uns des Lebens
in der heiligen Nacht,
der Rettung und Heil
in die Welt hat gebracht.
Er sprach: ich bin Licht
und der Blinde konnt sehn.
Er sprach: Ich bin Leben
und Tote erstehn.

Er gibt uns die Hoffnung,
er baut uns den Steg,
er spannt uns die Brücke,
er zeigt uns den Weg.
Sein Wort, das ist Leben,
er ist unser Hirt,
der uns aus dem Dunkel
der Finsternis führt.
Laß leuchten dein Licht,
laß dein Wort uns verstehn,
laß, was auch immer geschieht,
deine Gnade uns sehn.

Und die Sonne scheint
hell vom Himmelszelt.
Und der Tag ist jung,
jung ist meine Welt.

Doch ich weiß genau,
daß die Zeit nie steht,
daß der schönste Tag
mal zu Ende geht.

Herr, bleib bei uns,
wenn der Tag sich neigt,
wenn es kälter wird,
wenn der Nebel steigt.
Herr, bleib bei uns,
wenn es dunkel wird,
gib uns deine Hand,
die uns hält und führt.

Und die Straße ist lang,
steinig ist der Weg,
und der Berg ist steil
und so schmal der Steg.
Und der Gipfel fern
und das Ziel ist weit
und ich bin schon müd,
bald ist Abendzeit.

Vieles auf der Welt
tun wir Hand in Hand,
viele Wege gehn
wir vereint durchs Land.

Nur bei einem Schritt
wird es anders sein,
denn beim letzten Schritt
bin ich ganz allein.

Herr, bleib bei uns
wenn der Tag sich neigt,
wenn es kälter wird
und der Nebel steigt.
Herr, bleib bei uns,
wenn es dunkel wird,
gib uns deine Hand
die uns hält und führt.

Dieses Warten und Ausschauhalten nach jemand, der Halt und Sicherheit gibt, jemand, der da ist, wenn ich ihn brauche, ist eigentlich eine adventliche Haltung, die Hoffnung der Menschen auf das Heil, den Messias, der ihnen Ziel und Sinn geben soll und ohne dessen Kommen der Mensch eben verloren ist.

Wie nachm Winter, wenn er rauh war und hart
ma voller Sehnsucht as Fruahjahr derwart,
wiara Wiesn, a Feld von der Sonne ausdürrt,
scho wart, daß endlich an Regn wieder spürt,
wia ma wart auf an Briaf von wem, den ma mag,
wia ma wart aufn Feierabnd nach am Tag,
an dem ma gschufft hat und garbad ganz vui,
wiara Marathonläufer herbeisehnt as Zui,
wia d'Leut im Kriag auf Friedn und Ruah
und a Muatter wart, daß guat zruckkommt ihr Bua.
Wia ma wart nach a Drangsal aufs End von der Not,
wiara Hungriger wart auf a kloans Stückl Brot.

So vui und mehra hat de Menschheit aa gharrt,
auf a Zeichen, an Wink, a Wort von dir gwart,
bevor der Stern de Nacht hat erhellt,
wiast dein Sohn hast gschickt zu uns auf de Welt.
Ohne Huif von dir und ohne sei Hand
daadn mia wartn umsonst aa heut no allsamt
auf de Zuasag von dir, daßt Du an uns denkst
und auf den Advent nauf as Heil uns amal schenkst.

Dieses Hoffen und Ausharren des Advents aber findet seine Erfüllung in der Erscheinung des Herrn in der Heiligen Nacht, in der der Stern über Bethlehem aufgegangen ist und in das Dunkel Licht gebracht hat. Seit dieser Zeit können wir wieder hoffen, daß wir trotz aller Vergänglichkeit in der Welt irgendwie geborgen sind und daß nichts einfach bloß sinnlos vergeht.

Weil du da bist, ist nix verlorn in der Welt:
Koa Blattl, des umasonst wo vom Baum runterfällt,
koa Liad, des a Vogerl umasonst singt,
koa Ton und koa Laut, der einfach verklingt.
Koa Blüatn, koa Bluma verwelkt ohne Sinn.
Koa Bach und koa Fluß verrinnt bloß wohin.
Koa Woana, koa Lächeln, koa Bitt, koa Gebet,
es gibt nix, was einfach bloß sinnlos vergeht.
Jedes Hoffen und Sehnen, jeder Wunsch, jeder Traum
hat in dir drin sei Ziel, sein Ort und sein Raum.
Weil du da bist, ist alles geborgen, was ist
und mir is net angst mehr, mein Gott, weil du bist.

Wie aber schaut unser Weihnachten heute oft aus?

Jetzt gehts also wieder auf Weihnachten zua
und auf Weihnachten gibts z'dro denka grad gnua:
Wenn i an Weihnachtn denk,
dann denk i ans Gschenk
für Frau und Verwandte
und für guate Bekannte,
ans Stadtrumlaufa,
ans Christbaumkaufa,
ans Platzlbacha,
ans Weihnachtsbsuachmacha,
ans Kartnschreibn
– ja nix schuidig bleibn –
an Reklameglanz,
an d'Festtagsgans,
drei freie Tag,
voll Entsetzen an d'Waag,
wenn mei Gwicht nimmer stimmt,
wia ma ab wieder nimmt.

Und mein *Gott* für d'*Maria,* von de Nachbarn as *Kind,*
muaß i schaugn, ob i no a Kloanigkeit findt.
Maria?–*Kind?*–*Gott?*– da is ma grad so
als waar da an Weihnachtn was anders no dro!

„Friede den Menschen auf Erden" hieß die Verkündigung der Heiligen Nacht.
Wie aber steht es heute damit?

Frieden den Menschen auf Erden,
Frieden, hats ghoaßn, soll werden.
Was is wordn seit der Zeit
mitm Frieden bis heut?
Obst as Gschichtsbuach aufschlagst,
obst in Zeitung schaugn magst,
wos'd hischaugst bloß Streit
bloß Kriag, Kampf und Leid.
Wann werdn mas mal spanna
und zum Gscheitwerdn ofanga,
wann mal dazua lerna
auf de Botschaft hihörn aa?

BECK
Josef Wahl
80

Doch net bloß auf der Welt,
der großn, is bestellt
recht schlecht um den Friedn,
aa im Kloana werd gstrittn,
werd grangelt, werd graft,
werd Unruah oft gschafft.

Bevor ma's net schaffa,
net aufhörn zum raffa,
den andern net z'achtn,
bloß als Gegner betrachtn,
net gebn und bloß nehma,
bloß 's eigne Wohl kenna,
verletzen, net heilen,
bloß fordern, net teilen,
bevor daß' im Kloana
nix werd, brauchts net moana,
daß den Menschen der Frieden
ist wirklich beschieden.

Der Stern von Bethlehem sollte nicht eine einmalige Erscheinung bleiben, sondern ein immerwährender Aufruf für uns sein:

Und a Stern, der hat gleucht, so hell überm Stall,
daß sei Glanz und sei Schein war zu sehn überall.
Aus der Ewigkeit rüber in d'Zeit nei, in d'Welt
is kumma des Leuchtn, hats Dunkel erhellt.
Hat nia mehr so hell wo aufgscheint a Stern,
wia in Bethlehem damals zur Geburt unsers Herrn.
Wohin is des Liacht, des Helle, der Schein?
Is z'ruck aus der Welt, z'ruck in d'Ewigkeit rein?
Kaants net sei, daß mia bloß des Liacht nimmer sehn
oder daß ma as Leuchtn nimmer verstehn?
Kaants net sei, daß vielleicht an uns grad oft liegt,
daß in unserer Welt so vui Dunkel ma siegt?
Wenn ma alle dazuadaadn, daß mehr Liacht in d'Welt kimmt,
war koa Gfahr, daß der Stern von der Krippn verglimmt.

Der Gedanke an Weihnacht sollte uns Anregung sein, etwas darüber nachzudenken, was wir selber tun können, um etwas besser zu machen.

Wenn i so rumschau
und wenn i mi umschau,
spann i wia mies
so vui leider is.
Rund um uns hera
gaabs sicher mehra,
des gändert ghörat,
damits anders werad.
Zum Reformiern
sollt ma probiern:
Ma müaßt vui Sacha
ganz anders macha.
De Müah vergrößern,
um zu verbessern,
wo so vui fehlt,
sollt de ganze Welt,
sollt Gsellschaft und d'Leut
am bestn no heut.
. . . Bloß daß damit
als erstn Schritt
i sollert ofanga,
konn koana verlanga.

5
Josef Wall
80

Meist sind es die kleinen Schritte, die uns weiterbringen
als die großen Worte:

De kloana Sacha
dean 's Große macha.
Erst de Sekundn
ergebn de Stundn,
as Kloane bloß
macht 's Große groß.
's fangt alles o mit
dem erstn Schritt,
am Schritt ganz kloa.
Doch den aa z'doa,
des is halt grad
de große Tat.

Nicht der Strom laß uns sein, der Meere ausfüllt,
nur ein Becher voll Wasser, der den Durst jemand stillt.
Nicht Festmahl laß sein uns, nur ein kleines Stück Brot,
zu lindern, wo nötig, des Hungernden Not.

Nicht der Sonne alles erhellender Schein,
nur Schimmer der Kerze ins Dunkel hinein.
Nicht steiles Gebirge, das himmelhoch ragt,
sondern Stufe, die langsam höher sich wagt.

Nicht Aufbruch ins Weltall, Reise zum Mond,
sondern Schritt hin zum Nachbarn, der neben mir wohnt.

Nicht Show, nicht großes Komödienstück,
sondern Lächeln, ein wenig vom Kleingeld fürs Glück.
Nicht Prunkgebäude, nicht prächtiges Schloß,
sondern Hütte und Dach, ein Unterschlupf bloß.

Nicht große Worte, Versprechen und Schwur,
ein gutes Wort und ein Dankeschön nur.
Laß das mich erkennen, hören und sehn,
was möglich mir ist und laß mich verstehn,
was ich tun kann im Jetzt und im Heut,
was das Meinige ist in unserer Zeit.

Große Worte lassen sich leichter machen, es ist aber wesentlich schwerer,
auch nur einen kleinen Schritt zur Verwirklichung zu tun.

Es schimpft se recht leicht
gegn des Dunkel der Welt,
aber wer is scho da,
der a Liachtl nausstellt,
der a Kerzn ozündt
und de stockfinstre Nacht
a kloans bisserl heller
und liachter so macht.
Von ganz großen Taten
redn meahra wia gnua,
aber wer duad fürs Heut
was Kloans bloß dazua?
Von der ganz fernen Zukunft
da redt se recht leicht,
aber schwerer is' da z'sei,
wenn der Nächste oan bräucht.
Ja de Nächstenliebe
waar gar net so schwaar,
wenn der Nächste net gar
so nah bei uns waar.

Um den Nächsten sehen und hören zu wollen, brauchen wir oft gar nicht so weit zu gehen:

Komisch, de Wänd in de Wohnungen und in de Zimmer
wern in de Häuser scheins allerweil dünner.
Ma hört da Nachbarn beim Redn und Lacha,
beim Badn, beim Gschirrspuin, bei allem, was macha.
An Radio, Fernseher, alls hört ma rüber
und de andern de hörn dann uns dafür nüber.
Und trotzdem, obwohl's so dünn san de Wänd
hört ma heutzutag doch oft so wenig von drent.

Wenn der Nachbar in Not is und wenns eahm schlecht geht,
wenn er Angst hat und wenn er alloa bloß dasteht,
wenn er krank is und arm und wenn'sn recht schlaucht,
ma hört'n kaum ruafa, wenn er uns braucht.
Drum glaub i, 's is Zeit, daß ma uns mal drauf bsinna,
warum d'Wänd zwischen uns zwar allerweil dünner,
de Mauern aber vorm Herz dicker wern
und mia unsern Nachbarn kaum sehgn mehr und hörn.

Der Nächste und Jericho
sind nicht irgendwann, irgendwo.
Jericho ist vor unsrer Tür
und du brauchst nur ein Ohr dafür,
ein Auge, das schnell entdeckt,
eine Hand, die sich dann ausstreckt,
wenn dich irgendwo irgendwer
täglich neu braucht rund um uns her.

Der Nächste wohnt nebenan,
ist ein Rentner, ein alter Mann,
der einsam den Tag verbringt,
ist im Rollstuhl das kleine Kind,
ist der, den sonst niemand grüßt,
ist der, der verzweifelt ist,
ist der, den man sonst verlacht,
über den man sich lustig macht.

Der Nächste und Jericho
sind nicht irgendwann, irgendwo,
der Nächste ist immer da,
der Nächste ist immer nah,
es liegt an uns, ihn zu sehn,
zu helfen, ihm beizustehn,
genauso wie seinerzeit
braucht der Nächste uns heut.

Wer unser Nächster ist, sagt uns wohl am eindringlichsten das Gleichnis vom Barmherzigen Samariter:

Da nahm Jesus das Wort und sprach: „Ein Mann ging von Jerusalem hinab nach Jericho und fiel unter die Räuber. Die plünderten ihn aus, schlugen ihn wund, ließen ihn halbtot liegen und gingen davon. Zufällig zog ein Priester denselben Weg hinab. Er sah ihn und ging vorüber. Ebenso kam ein Levit dorthin, sah ihn und ging vorüber. Auch ein Samariter kam auf seiner Reise in seine Nähe. Als er ihn sah, ward er von Mitleid gerührt.

Er trat zu ihm hin, goß Öl und Wein auf seine Wunden und verband sie. Dann hob er ihn auf sein Lasttier, brachte ihn in eine Herberge und sorgte für ihn. Am andern Tage zog er zwei Denare heraus und gab sie dem Wirt mit den Worten: Sorge für ihn. Was du noch darüber aufwendest, werde ich dir bezahlen, wenn ich zurückkomme. Wer von den dreien hat wohl als Nächster gehandelt an dem, der unter die Räuber gefallen war?" Jener antwortete: „Der ihm Barmherzigkeit erwiesen hat." Und Jesus sprach zu ihm: „Geh hin und tue desgleichen!"

Wie würde diese Geschichte in einer Zeit des vielen Redens und Herumdiskutierens sich vielleicht heute abspielen:

„Ein Mann ging von Jerusalem nach Jericho und fiel Räubern in die Hände. Diese plünderten ihn aus und schlugen ihn zusammen, ließen ihn halbtot liegen und verschwanden..."

Eine Gruppe Diskutierender kam vorbei:
„Schaugts hi, da dortn liegt wer, der bluat!
Woaß jemand von eich, was ma da vielleicht duad?"

„Des geht net so schnell, zerst ghört diskutiert,
damit demokratisch verfahren aa wird.“
„An Diskussionsleiter wähl ma erst no,
na sehng ma scho weiter, na fang ma glei o!“
Nachdem man das Wahlrecht hat lang durchdischkriert,
hat man zerst die Gsellschaftslage studiert.
„Des Unglück, in des des Opfer is grennt,
is typisch fürn westlichn Leistungstrend!“
„Daß Räuber rumlaufe, des kimmt bloß von dem
bourgeoisen Konsumzwang und Herrschaftssystem!“

„Da schaugts, wiara jammert“, so moant da der oa,
„wia kemma jetzt helfa, was soll ma jetzt doa?“
Des hätt er net fragn solln, der Reaktionär,
denn jetzt falln de andern über eahm her:
„Ja bist’n du narrisch, du bist ja borniert,
bevor ma was doa derf, ghört zerst reflektiert.
Was huift scho a Huif. De waar vui z’bequem
und deanat ja bloß unserm Gsellschaftssystem!“

„Und i glaub sogar“, hat oaner se gmeldt,
„daß’ uns vor allem an Räubern no fehlt.
Je mehra Räuber ’s bei uns herübn gibt,
desto mehra werd’s hiesige System doch durchsiebt.
Beseitigts de Räuber, wern d’Diab alle packt,
bleibt bloß alls beim alten, ’s System bleibt intakt!“
„Und außerdem“, moant wer, „woaß ma aa net ganz gwiß,
ob des Opfer mit uns solidarisch aa is.“
„Doch mia dean eahm was Guats, und mia gebn eahm dafür
zerst amal unser Grundsatzpapier.“
Des hams aa dem Opfer in d’Händ einedruckt,
doch der hat bloß gstöhnt und nomal leicht zuckt.
Und bevor ma da Lage hat z’End diskutiert,
is der arme Hund am Wegrand krepiert.

(nach einer Idee von K. Lefringhausen)

Wir müssen nur die Augen ein wenig aufmachen und begegnen auf Schritt und Tritt unserem Nächsten, der uns braucht:

De, de a bisserl komisch uns scheina,
de, de anders ausschaugn wia unsereiner,
de, mit dene koana sonst redt,
de, dene vui danebn halt geht,
de, de koan Erfolg mehr ham,
de, de oid und einsam san,
de, de neamand mehr interessiern,
de, de drum scho a weng resigniern,
de, über de se de andern beklagn,
de, de in der Konkurrenz versagn,
de, de verschüchtert san und de se nix traun,
de, de langsam verliern ihr Vertraun,
de, de oft verzweifeln am Heut,
de, de koan Menschn net ham zur Zeit,
de, des im Augenblick bsonders duad schlaucha:
Des san unsere Nächsten, de uns vielleicht braucha.

Zum guten Tun am anderen gehört aber auch, daß wir von ihm grundsätzlich gut denken und reden:

Bittscheen laß mi dro denkn,
daß über andere net
bloß dumm und gedankenlos
einfach i red,
daß i net urteil,
net schimpf über wen,
bevor i den Menschen
net ganz genau kenn,
bevor i net neigschlupft bin
kurz in sei Haut
und mi gfragt hab,
wia da drin as Lebn ausschaut,
bevor i probiert hab
net aa amal z'schaugn,
so z'schaugn, so wias er siegt
mit eahm seine Augn.

Bevor, daß i net
sein Rucksack hab tragn,
in seim Zimmer net gwohnt hab,
laß mi net sagn
über an Menschen,
was schlecht is und dumm.
Laß mi drodenka,
i bitt di darum!

Daß der Stern der Heiligen Nacht wieder leuchtet, hängt also nicht zuletzt von unserm Dazutun ab:

Es ist so viel Traurigkeit, Schmerz und Leid
in unserer Welt, in unserer Zeit.
Bitte gib mir den Mut und gib mir die Kraft,
daß ich es versuch, wenn ich's auch nicht gleich schaff',
Licht zu sein, wo Dunkel und Nacht,
das alles ein wenig freundlich macht.

Wärme zu spenden, wo Kälte und Eis,
Kühlung zu bringen, wo Hitze und Schweiß.
Dach zu sein, Schirm, Schutz und Zelt,
wo schutzlos der andre inmitten der Welt,
Brücke zu sein, wo Schluchten und Kluft.
Da zu sein, wenn mich wer ruft.
Das zu tun, was immer ich kann,
bereit zu sein, wenn du irgendwann
mich abrufst schließlich einmal zu dir.
Ich bitt dich, mein Gott, gib die Kraft mir dafür.

Durch die Zusage im Stern der Heiligen Nacht und in der Erscheinung des Herrn haben wir also den Grund bekommen, von dem aus wir den Sprung in die Hoffnung wagen dürfen, denn alles ist neu geworden durch die Geburt des Herrn, durch das Licht, das uns erschienen ist.

So heißt es im Psalm 72:

Er wird Recht schaffen den Gebeugten im Volk,
Hilfe bringen den Kindern der Armen . . .

Er soll leben, solange die Sonne bleibt und der Mond
bis zu den fernsten Geschlechtern.
Es ströme wie Regen herab auf die Felder,
wie Regenschauer, die die Erde benetzen.
Die Gerechtigkeit blühe auf in seinen Tagen,
. . . denn er rettet den Gebeugten, der um Hilfe schreit,
den Armen und den, der keinen Helfer hat.

Er erbarmt sich des Gebeugten und Schwachen,
er rettet das Leben der Armen.
Von Unterdrückern und Gewalttat befreit er sie . . .
Im Land gebe es Korn in Fülle.
Es rausche auf den Gipfeln der Berge.
Sein Name soll ewig bestehen . . .
Glücklich preisen sollen ihn alle Völker.

Josef Wahl
77

Daß wir aber das Licht im Dunkeln erkennen, liegt nicht zuletzt daran, daß wir wieder mehr versuchen müssen, weiter zu schauen, dahinter zu sehen:

Wer jetzt as Land im Winter siegt,
so wias ganz abgstorbn vor uns liegt,
wer ohne Blattl jetzt an Baum
se oschaugt, der kann fast net glaubn,
daß er, der ausschaugt wiara Besn,
a toter, ja voll Lebn is gwesn,
daß er im Fruahjahr voller Saft,
voll Blüah is gwesn voller Kraft.
So is mit vui rund um uns rum
mia sehgn vom meistn bloß a Trumm,
a Bisserl grad, a ganz kloans Stück,
bloß an Moment, an Augenblick.
Was weiter und was tiafer geht,
des sehgn ma mit de Augn oft net.
Zum weiter und zum tiafer Schaugn,
da müaß ma an des Guate glaubn.

Daß nichts, was du schufst
ins Nichts nur verrinnt,
die Liebe am Ende über alles gewinnt,
daß zuletzt nicht das Dunkle und Finstere steht,
sondern alles ins Helle und Lichte eingeht,
daß das Letzte nicht Angst ist
nicht Krankheit und Not,
sondern Leben am Schluß triumphiert übern Tod.
Mein Gott, ich will glauben, daß alles so ist,
denn wir haben dein Wort, daß du da für uns bist.
Daß kein Weinen und Trauern, kein Schmerz und kein Leid
umsonst jemals war und daß unsre Zeit,
unser Leben bekommt einen tieferen Sinn.
Daß du bei mir bist, wenn am Ende ich bin,
daß du deine Hände stets hältst über mich
und daß du uns im Leben läßt niemals im Stich.
Mein Gott, ich will glauben, daß alles so ist,
denn wir haben dein Wort, daß du da für uns bist.

In der Heiligen Nacht ist uns das Heil zugesagt worden, das kein vorläufiges mehr sein wird, sondern ein ewiges. Wie wird es ausschauen? Wir wissen es nicht und können es uns nur in Bildern vorstellen.

Bitte zeig uns das Land,
bitte zeig uns wos liegt
i glaub fest, daß ses irgendwo
irgendwann gibt.

Dort schnauft ses ganz leicht
nix welkt, alls is grün,
die Welt kennt nur Leben
und kennt kein Verblühn.

Koa Krieg halt in Angst
de Menschheit no fest.
In Kanonen baun Schwalben
und Spatzen ihr Nest.

Ma lächelt und freut se
wenn ma se siegt,
weil koa Neid und koa Argwohn
mehr zwischen uns liegt.

Alle Weg san offen,
koane Grenzn san dort,
Gewalt, Unterdrückung
is a unbekannts Wort.

Koa Mensch mehr muß hungern,
für alle gibts Brot,
koa Armut, koa Leid,
koa Schmerz und koa Not.

Die Traurigkeit lebt
als Erinnerung nur,
wost hischaust nur Leben,
vom Sterbn koa Spur.

Koa Unruh, koa G'hetz
in dem Land weit und breit,
as Glück schaut auf d'Uhr net
und alles hat Zeit.
Jede Hoffnung wird wahr,
es erfüllt se Vertraun,
denn Gott wohnt bei uns
wohnt gleich hinterm Zaun.

Bitte zeig uns das Land,
bitte zeig uns, wo's liegt,
i glaub fest, daß ses irgendwo,
irgendwann gibt.
(nach einer Idee von Otto Wiemer)

Laß leuchten deinen Stern im Dunkeln, Herr, der uns führt und leitet durch Nacht und Nebel, heim in die ewige Heimat, die wir uns vielleicht gar nicht so fremd und überirdisch vorstellen wollen. Ludwig Thoma hat diese Nacht des Heils in unsere bayerische Heimat verlegt und sie uns deswegen so nahe gebracht. Warum dürfen wir uns das ewige Heil, das uns in dieser Nacht zugesagt wurde, nicht schon ein wenig vertraut und bekannt vorstellen? Er, der alles gemacht hat, warum sollte er nicht die Macht und die Gnade haben, auch da drüben noch ein bisserl was von unserm Herübn sein lassen?

Liaba Gott, dua mir oan Gfalln:
Wenn mir amal auferstehn solln,
laß doch bittschön da drübn
no a bisserl was sei von unserm Herübn!
I bitt di recht schee, erfüll mei Gebet:
Vergiß übern Großn as Kloane net!
Laß net bloß de ganz Fromma drobn sein,
net nur grad de mitm Heilignschein,
sondern aa de andern Leut!
Glaub mas, mit dene hast bestimmt aa dei Freid.
Laß mein gstorbna Schuifreind aa umanandarenna,
wars aa a Strizi, du werstn scho kenna.

Und des junge Madl von vis-à-vis,
des aus Verzweiflung wo abeghupft is.
Den altn Kramer vorn vom Eck,
aa wenn eahm as Bier hat so narrisch guat gschmeckt,
und de alt Tant, de so grantig hat gschaut,
laß' eine, sie war doch a seelnguate Haut.
Und no ganz a bsondre Bitt hätt i fei:
Laß aa de Viecherl da drobn wieder nei!
laß singa und wiehern, gackern und belln,
des stört ganz bestimmt net de himmlischn Seeln.
Laß oiso, i bitt di, vom irdischen Lebn
aa bei dir dort obn was im Himmi drin gebn!
Gib, daß i alls, was i gern hab, da drobn wiederseh!
Des waars, Amen. Und dank dir aa schee!

Josef Wahl
77